BEI GRIN MACHT SICH IHR
WISSEN BEZAHLT

Das Konzept der Risikomündigkeit. Wandlungsprozesse innerhalb der gesellschaftlichen Risikowahrnehmung

Iris Zeytindali

Bibliografische Information der Deutschen Nationalbibliothek:

Die Deutsche Nationalbibliothek verzeichnet diese Publikation in der Deutschen Nationalbibliografie; detaillierte bibliografische Daten sind im Internet über http://dnb.d-nb.de abrufbar.

ISBN: 9783346691453
Dieses Buch ist auch als E-Book erhältlich.

MARTIN-LUTHER UNIVERSITÄT

HALLE-WITTENBERG

HAUSARBEIT

Das Konzept der Risikomündigkeit in Bezug auf Wandlungsprozesse innerhalb der gesellschaftlichen Risikowahrnehmung

Von: Iris Zeytindali

Seminar:

Märkte, Organisationen, Gefühle (KUWI II) -

Soziologie des Risikos und der (Un-)Sicherheit SoSe18

Fakultät:

Philosophische Fakultät: Institut für Soziologie

9. November 2018

Inhaltsverzeichnis

Einleitung

In der vorliegenden Arbeit beschäftige ich mich mit dem Konzept der Risikomündigkeit in Bezug auf die Wandlungsprozesse innerhalb der gesellschaftlichen Risikowahrnehmung. Ich möchte der Fragestellung nachgehen, welche Rolle die Risikomündigkeit hinsichtlich der Risikokommunikation innerhalb von Wandlungsprozessen in modernen Industrie- und Technikgesellschaft spielt.

Die Arbeit gliedert sich in zwei Kapitel. In Kapitel 1 werde ich den theoretischen Rahmen dieser Arbeit, sprich die Begriffserklärungen sowie den aktuellen Forschungsstand in Bezug auf das Thema Risiko umreißen. So erläutere ich in dem Unterkapitel 1.1 den Risikobegriff und gehe hierbei auf die Unterschiede zwischen Risiko und Gefährdung ein. In dem Unterkapitel 1.2 stelle ich wesentliche Ergebnisse aus der Risikowahrnehmungsforschung vor, mein Schwerpunkt liegt hierbei auf dem psychometrischen Ansatz. In dem Unterkapitel 1.3 beschreibe ich das Konzept der Risikomündigkeit und seine Rolle innerhalb der Risikokommunikationsforschung. In Kapitel 2 gehe ich auf meine zentrale Fragestellung ein und versuche anhand der aktuell geführten Risikodebatten zu analysieren, welche Bedeutung die Risikomündigkeit für die Risikokommunikation in modernen Gesellschaften hat. In diesem Zusammenhang zeige ich die Veränderungen und Gewichtungen von Risiken im Zuge gesellschaftlicher Wandlungsprosse auf. Im letzten Teil meiner Arbeit fasse ich die Ergebnisse zusammen.

1 Theoretischer Kontext: Begriffserklärung und Forschungsstand

1.1 Zum Risikobegriff

In der soziologischen Literatur wurde der Begriff des Risikos vor allem von Ulrich Beck (1986; 2007) und Niklas Luhmann (1991; 1997) geprägt. Beck führte 1986 den Begriff der „Risikogesellschaft" ein und bezeichnete Risiken als „Modernisierungsrisiken", die ein Produkt unserer heutigen hochindustrialisierten und technisch-fortgeschrittenen Gesellschaften sind und im Gegensatz zur Vergangenheit, in der Risiken aus „persönlicher Natur" eingegangen oder als naturgegeben angesehen wurden, globale Konsequenzen zur Folge haben.[1] Luhmann unterscheidet zwischen den Begriffen „Risiko" und „Gefahr" und spricht von Risiko, wenn „der etwaige Schaden als Folge der Entscheidung" betrachtet wird.[2] Dies können beispielsweise Luft- oder Wasserverschmutzung durch Fabrikbauten oder Verkehrsunfälle sowie der Verbrauch von knappen Ressourcen, wie Öl, durch die Auomobilindustrie sein. Von Gefahr spricht Luhmann, wenn „der etwaige Schaden [...] als extern veranlasst gesehen, also auf die Umwelt zugerechnet" wird. So können Naturkatastrophen, wie Vulkanausbrüche oder Tsunamis als Gefahren gelten. Darüberhinaus schreibt er beiden Begriffen das Merkmal der „Unsicherheit" zu, welches in Bezug auf künftige Schäden besteht.[3][4] Beide Autoren kommen darin überein, dass aufgrund technologischer Entwicklungen innerhalb moderner Gesellschaften eine „Transformation von Gefahren in Risiken" stattgefunden hat, weshalb insbesondere im wissenschaflichen Kontext oftmals von anthropogenen oder technlogisch induzierten Risiken gesprochen wird.[5]

---

[1] vgl. Beck, U. (1986): *Risikogesellschaft.* Frankfurt am Main: Suhrkamp Verlag. S. 28f.

[2] vgl. Luhmann, N. (1991): *Soziologie des Risikos.* Berlin & New York: Walter de Gruyter. S. 30f.

[3] ebd.

[4] In Becks *Weltrisikogesellschaft* (2007) wird ebenfalls eine konkretere Differenzierung zwischen den Begriffen des Risikos und des Nichtwissens vorgenommen, um die Komponente der Ungewissheit stärker hervorzuheben.

[5] Ruddat, M. (2009): *Kognitive Kompetenz zur Risikobewertung als Vorbedingung der Risikomündigkeit und ihre Bedeutung für die Risikokommunikation.* Dissertation, Universität Stuttgart. S. 32.

Im wissenschaftlichen Sprachgebrauch werden Risiken somit überwiegend als potenti-
ell negative Auswirkungen menschlicher Handlungen oder Ereignisse bezeichnet, welche
grundsätzlich steuerbar und beeinflussbar sind.[6][7] Risiko kann zudem als ein Konstrukt
beschrieben werden, „ein Beobachtungskonzept, was als eine Art Brille fungiert, mit der
man die Welt betrachtet, was dabei als Risiko gesehen wird hängt von der Art der Brille ab und der Weise wie durch sie geschaut wird".[8] So können gleiche Sachverhalte und
Ereignisse von verschiedenen Akteuren hinsichtlich ihres Risikopotenzials unterschiedlich
bewertet werden. Insbesondere in der psychologischen Forschung wird Risiko als ein „viel-
dimensionales Konstrukt" beschrieben, da es einerseits ein wissenschaftliches Konzept ist,
„dessen Bedeutung durch Konventionen [von Experten] festgelegt wird".[9] Andererseits ist
Risiko ein „intuitives Konzept, das für die meisten Menschen mehr als die „erwartete An-
zahl von Schadensfällen" bedeutet und dessen mentale Repräsentation durch Wissen um
den Gegenstand, durch Charakteristika des kognitiven und motivationalen Systems und
nicht zuletzt durch die soziale Wirklichkeit und die in ihr geltenden Interessen und Werte
bestimmt ist."[10]

In dem folgenden Kapitel werde ich auf diesen psychologischen und sozialwissenschaftli-
chen Ansatz der intuitiven Faktoren innerhalb des Risikowahrnehmung und -bewertung
eingehen.

---

[6] vgl. Wiedemann, P. M. (2010): *Vorsorgeprinzip und Risikoängste. Zur Risikowahrnehmung des Mobilfunks*. Wiesbaden: VS Verlag für Sozialwissenschaften. S. 17.

[7] Luhmann (1991) differenziert zwischen „Entscheidern" und „Betroffenen". Entscheider können Risiken
steuern und beeinflussen und damit potenzielle Gefahren für Betroffene erzeugen. Jede Risikoentscheidung
kann als zweiseitige Medaille betrachtet werden, deren eine Seite negative Folgen in Form von Schaden
oder Verlust birgt, und die andere Seite das Potenzial einer Chance oder eines Gewinns hat.

[8] vgl. Holzheu, F. & Wiedemann, P. M. (1993): *Perspektiven der Risikowahrnehmung*. In: Bayerische
Rück (Hrsg.): *Risiko ist ein Konstrukt. Wahrnehmungen zur Risikowahrnehmung*. München: Knesebeck.
S. 9f.

[9] Jungermann, H. & Slovic, P. (1993): *Die Psychologie der Kognition und Evaluation von Risiko*. In:
Bechmann, G. (Hrsg.): *Risiko und Gesellschaft. Grundlagen und Ergebnisse interdisziplinärer Risikoforschung*. Opladen: Westdeutscher Verlag. S. 201.

[10] ebd.

1.2 Die intuitive Risikowahrnehmung in der Gesellschaft

In den Sozialwissenschaften wird im Hinblick auf die Beurteilung von Umwelt-, Technik- und Gesundheitsrisiken sowie ihres individuellen und gesellschaftlichen Umgangs von staatlich-institutionellen und gesellschaftlichen Akteuren die subjektive und intuitive Risikowahrnehmung analysiert. Hierzu wurde bereits in den 1970er Jahren der psychosometrische Ansatz entwickelt, um Beurteilungsaspekte zu untersuchen, welche für die intuitive Risikowahrnehmung von Bedeutung sind.[11] In empirischen Untersuchungen bewerteten die Teilnehmer unterschiedliche Risikoquellen nach qualitativen Merkmalen ihrer Riskantheit.[12] Forschungsergebnisse dieser Studien haben gezeigt, dass Unterschiede zwischen wissenschaftlich-technischen Risikoabschätzungen und intuitiven Risikobeurteilungen bestehen.[13] Darüberhinaus stellen kognitive Faktoren und mentale Modelle ebenfalls einen wichtigen Aspekt in der intuitiven Risikowahrnehmung dar.[14] Ursache-Wirkungs-Zusammenhänge sowie Wahrscheinlichkeitsschätzungen von risikoträchtigen Situationen werden von den meisten Menschen anhand ihres Vorstellungsvermögens oder „Daumenregeln" bestimmt.[15] Zusätzlich sind subjektive Überzeugungen ein wichtiger Faktor innerhalb der intuitiven Risikobeurteilung als auch der Risikokommunikation, da Informationen zumeist mit den eigenen bereits vorhandenen Überzeugungen übereinstimmen müssen, um anerkannt zu werden.[16] Außerdem sind emotionale und soziale Einflüsse, wie Vertrauen oder Misstrauen in den Risikokontrolleur, das eigene private Umfeld oder mediale Darstellungen, von zentraler Bedeutung für die intuitive Risikowahrnehmung.[17]

---

[11] vgl. Schütz, H. & Wiedemann, P. M. (2003): *Risikowahrnehmung in der Gesellschaft*. In: Bundesgesundheitsblatt, Gesundheitsforschung - Gesundheitsschutz, Bd. 46. Heidelberg: Springer-Verlag. S. 549-554.

[12] Solche Risikoquellen sind Situationen oder Aktivitäten, wie die nahe Wohnlage zu einem Atomkraftwerk, Gentechnik, Rauchen oder Motorradfahren. Die Schwere oder Ernsthaftigkeit des jeweiligen Risiko sowie die Kontrollierbarkeit oder Bekanntheit stellen qualitative Dimensionen dar (vgl. ebd.).

[13] ebd.

[14] ebd.

[15] ebd.

[16] ebd.

[17] ebd.

Insbesondere die Medien tragen hierbei durch ihre emotionalisierte Berichterstattung einen wesentlichen Teil zur Beurteilung von Risiken bei. Infolgedessen können durch fehlende wissenschaftlich fundierte Informationen wahrgenommene Wahrscheinlichkeiten bei den Rezipienten verzerrt werden, da sie eine Art „zweite Wirklichkeit [...] für journalistische Zwecke" konstruieren.[18] Die individuelle Risikobewertung von Laien ist somit, neben diesen psychologischen Faktoren, ebenfalls abhängig von ihrer Motivation, sich beispielsweise über komplexere Zusammenhänge und Ursachen von Risiken fachkundig zu informieren, als auch von ihrem bereits vorhandenen Wissen sowie der kognitiven Fähigkeit, Informationen aufzunehmen und zu verarbeiten. Diese Aspekte spielen besonders in der Risikokommunikation sowie dem Konzept der Risikomündigkeit eine wichtige Rolle, woran ich im nächsten Abschnitt anknüpfen möchte.

---

[18] vgl. Gerlach, V. (2017): *Risikomündigkeit bei Naturrisiken. Eine Analyse der Risikomündigkeit im Umgang mit Naturrisiken im Kontext des Klimawandels in Deutschland.* Dissertation, Universität Stuttgart. S. 49

1.3 Die Risikokommunikation und das Konzept der Risikomündigkeit

Die Risikokommunikation umfasst im wissenschaftlichen Kontext „alle Kommunikation, die die Identifikation, die Abschätzung, die Bewertung und das Management von Risiken betrifft".[19] Im Allgemeinen sind die Ziele und Strategien der Risikokommunikation die Vermittlung von Informationen über Risikopotenziale, die Verringerung von Bewertungs-differenzen sowie die Vermeidung von Konflikteskalationen bei Auseinandersetzungen.[20][21] Oftmals sind diese Funktionen miteinander verbunden, wobei jeweils eine andere dieser strategischen Zielsetzungen im Mittelpunkt stehen kann, je nach Steuerung und Intention der jeweiligen gesellschaftlichen Akteure.[22]

Im Hinblick auf die Forschungsergebnisse zur Risikowahrnehmung, sprich der Diskrepanz zwischen der intuitiven Risikobeurteilung von Laien und den wissenschaftlich-technischen Abschätzungen von Experten, wurden verschiedene Ansätze entwickelt, um im Umgang mit Risiken Strategien der Risikokommunikation zu verbessern.[23] Seit einiger Zeit wird in den Sozialwissenschaften das Konzept der Risikomündigkeit diskutiert, welches als par-tizipativer Ansatz vor allem die Rolle des Bürgers betont.[24] Das Konzept zielt darauf ab, risikomündige Bürger und Bürgerinnen durch die Vermittlung von wissenschaftlichen Erkenntnissen und Sachwissen eine reflektierte Urteilsfähigkeit auf individueller und kol-lektiver Ebene zu verleihen.[25]

---

[19] vgl. Wiedemann, P. M. & Mertens, J. (2005): *Sozialpsychologische Risikoforschung.* In: Zeitschrift für Technikfolgenabschätzung in Theorie und Praxis 14, Bd. 3. S. 38-45.

[20] ebd.

[21] Diese Kommunikationsfunktionen stellen allgemeine Aspekte innerhalb der psychologischen Kommu-nikationsforschung dar, welche zwischen Darstellung, Appell, Selbstdarstellung und Beziehungsdefinition unterscheidet (vgl. Schulz von Thun, F. (1988): *Miteinander reden: Störungen und Klärungen.* Reinbeck: Rowohlt.).

[22] vgl. Wiedemann, P. M. (1991): *Strategien zur Risiko-Kommunikation und ihre Probleme.* In: Arbei-ten zur Risiko-Kommunikation. Programmgruppe Mensch, Umwelt, Technik, Bd. 25. Forschungszentrum Jülich.

[23] vgl. Schütz, H. & Wiedemann, P. M.: 2003.

[24] vgl. Ruddat, M.: 2009. S. 13f.

[25] ebd.

In quantitativen und qualitativen Untersuchungen werden verschiedene Elemente, wie Motivation, Wissen, Fertigkeiten und Vorkenntnisse hinsichtlich Umwelt- und Technikrisiken gemessen und analysiert.[26] Erste Ergebnisse dieser empirischer Daten zeigen, dass Laien zu ähnlichen Risikobewertungen wie Experten kommen können. Allerdings setzt dies voraus, dass sie eine hohe Kompetenz, sprich eine hohe Korrelation der gemessenen Faktoren, hinsichtlich den Aspekten Wissen, Motivation und Fähigkeit aufweisen müssen.[27] Werden diese Voraussetzungen nicht erfüllt, so bestehen signifikante Differenzen zwischen Laien- und Expertenwissen.[28] Auf empirischer Ebene bedeuten die Ergebnisse, dass bestimmte Kriterien erfüllt werden müssen, um Einzelne als mündig einzustufen.[29] Auf normativer Ebene kann die Risikomündigkeit als Zuschreibung bestimmter Kompetenzen und Entscheidungsspielräume verstanden werden.[30]

Folglich kann nach diesen empirischen Erkenntnissen eine Verbesserung der Risikokommunikation durch die Förderung der Risikomündigkeit erreicht werden.[31] Dies ist hinsichtlich aktueller Risikodebatten und den ihnen vorausgehenden Wandlungsprozessen innerhalb moderner Gesellschaften ein wichtiger Punkt, mit dem ich mich im folgenden Kapitel näher auseinandersetzen werde.

---

[26] Da diese Forschungsrichtung noch sehr jung ist, gibt es erst wenige Untersuchungsergebnisse. In meinen folgenden Ausführungen stütze ich mich auf die Forschungsergebnisse von Gerlach (2017) und Ruddat (2009), welche in ihren Arbeiten die Risikomündigkeit zu den Themenbereichen extremer Wetterveränderungen, Atomkraftwerk und Mobilfunk untersucht haben.

[27] vgl. Ruddat, M.: 2009. S. 170.

[28] ebd.

[29] ebd. S. 54.

[30] ebd.

[31] ebd.

2 Auf Augenhöhe miteinander reden. Zur Bedeutung der Risikomündigkeit in modernen Gesellschaften

In den letzten Jahrzehnten haben sich in der Welt eine Vielzahl an „modernen Katastrophen" im Laufe des industriellen und technischen Fortschritts ereignet. Die Nuklearkatastrophe in Tschernobyl im Jahr 1986 oder die Ölpest im Golf von Mexiko durch die Explosion einer Ölbohrplattform im Jahr 2010 haben noch in in der Gegenwart wie in der Zukunft weitreichende Folgen für Umwelt und Gesundheit der Menschen. Durch den technologischen Fortschritt eröffnen sich der Forschung in allen wissenschaftlichen Disziplinen neue Möglichkeiten. Die so gewonnenen empirischen Erkenntnise können durch die zunehmende Medien- und Internetnutzung sowie die damit einhergehende globale Vernetzung zugänglicher werden. Der Wissenstausch wird somit wesentlich vereinfacht, der Zugang zu Wissen wird demokratisiert. In der heutigen Zeit der Technik-, Industrie-, Informations- und Kommunikationsgesellschaft nehmen nicht nur die Gestaltungsmöglichkeiten der individuellen und kollektiven Lebensbedingungen im positiven Sinne zu, auch das Risikoempfinden der Menschen wächst an.[32] Paradoxerweise leben wir in einer Welt, die vor allem im Vergleich zur Vergangeheit das höchste zivilisatorische und soziale Sicherheitsniveau erreicht hat, dennoch sind wir konfrontiert mit Ängsten vor Risiken und fordern somit zusätzliche Sicherheit.[33] Denn mit der Zunahme positiver Effekte durch wissenschaftliche, technologische oder medizinische Errungenschaften, wächst auch das Wissen über Ereignissen und Dingen, welche durch „falsche" Entscheidungen negative Auswirkungen auf unsere Umwelt und Gesundheit haben können. Mittlerweile haben sich neben staatlichen Institutionen eine Vielzahl an „Public Interest"-Gruppen und Bürgerinitiativen gegründet, die Einfluss auf Forschung und Entwicklung und den damit verbundenen politischen sowie wirtschaftlichen Entscheidungen üben.[34]

---

[32] vgl. Holzheu, F. & Wiedemann, P. M. (1993): *Perspektiven der Risikowahrnehmung*. In: Bayerische Rück (Hrsg.): *Risiko ist ein Konstrukt. Wahrnehmungen zur Risikowahrnehmung*. München: Knesebeck. S. 12.

[33] ebd.

[34] vgl. Wiedemann, P. M. (1996): *Wahrnehmungsmuster von technischen Risiken in der Gesellschaft*. In: Jahrbuch Für Christliche Sozialwissenschaften, Bd. 37. S. 12.

Diese Gruppen, Institutionen und Bürger kämpfen für eine saubere Umwelt, mehr Sicherheit und Gesundheit sowie Fairness und Mitbestimmung und damit um die Vermeidung entsprechender Risiken.[35] Dieses veränderte gesellschaftliche Klima ist für Unternehmen spürbar geworden, da sie zunehmend in Kritik geraten, besonders durch Skandale oder Korruptionsfälle, wie aktuell die Dieselabgasaffäre bei VW. Durch solche Fälle schwindet zudem das Vertrauen seitens der Bürger in die Unternehmen und kann nicht ohne weiteres wieder aufgebaut werden.[36] In der Risikowahrnehmungsforschung ist Vertrauen ein zentraler Faktor, da die Glaubwürdigkeit bei der Wissensvermittlung Einfluss auf die intuitive Risikobeurteilung hat und gleichzeitig die Grundlage für eine erfolgreiche Risikokommunikation bildet.[37]

Vor diesem Hintergrund erscheint das Konzept der Risikomündigkeit als sinnvoll, da im Umgang mit modernen Risiken Strategien und Lösungsansätze benötigt werden, die das Gemeinwohl aller Menschen als auch ihrer Umwelt berücksichtigen. Menschen, die über entsprechende Motivation, Fähigkeit und Kenntnisse verfügen, können dazu verhelfen, den Blick durch diese „Brille" hindurch zu erweitern, um reflektierte und die gesamte Gesellschaft im Blick habende Entscheidungen zu treffen. Wenn in solcher Form Kommunikation zwischen Laien und Experten auf Augenhöhe stattfindet, kann auch das Vertrauen in die Risikokontrolleure wiedergewonnen werden.

---

[35] ebd.
[36] ebd. S.21.
[37] vgl. Gerlach, V.: 2017. S. 118.

Fazit

Im Hinblick auf aktuell bestehende Risikoprobleme in unserer modernen Gesellschaft ist das Konzept der Risikomündigkeit ein sinnvoller Ansatz, um die Risikokommunikation zu verbessern. Die Beteiligung der Öffentlichkeit, beziehungsweise risikomündigen Individuen und Institutionen, kann dabei helfen, den Blick auf Einstellungen und Wahrnehmungen von Risiken zu erweitern. Dadurch können gesamtgesellschaftliche Interessen mit dem Ziel, wie eine saubere Umwelt und mehr Sicherheit zu gewährleisten, vertreten werden. Darüberhinaus kann dieser partizipative und demokratische Ansatz der Risikomündigkeit mehr Bewusstsein für Umwelt-, Technik- und Gesundheitsrisiken unter der Bevölkerung schaffen. Durch die konkrete Auseinandersetzung mit zugrunde liegenden Risikofragen und ihrem Umgang kann Wissen vermittelt und transparent zugänglich werden.

Noch steckt dieser junge Forschungsansatz in den Kinderschuhen und so muss in weiterer Untersuchungen beispielsweise ermittelt werden, in welchen risikoträchtigen Situationen Laien „als risikomündig erklärt" werden können, um sachlich und fachkompetent mitzuentscheiden. Weitere Untersuchungen zu diesem Thema könnten außerdem nicht nur neue Impulse für die Forschung geben, sondern auch konkrete Konzepte innerhalb der Risikokommunikation entwickeln, die in Risikofragen und -debatten zwischen Staat, Unternehmen und Bürgern praktische Anwendung finden.

Literatur

Beck, Ulrich (1986). *Risikogesellschaft*. Frankfurt am Main: Suhrkamp Verlag.

Gerlach, Viola (2017). *Risikomündigkeit bei Naturrisiken. Eine Analyse der Risikomündigkeit im Umgang mit Naturrisiken im Kontext des Klimawandels in Deutschland.* Stuttgart.

Holzheu Franz und Wiedemann, Peter M. (1993). *Perspektiven der Risikowahrnehmung.* Hrsg. von Bayerische Rück. München: Knesebeck.

Jungermann Helmut und Slovic, Paul (1993). *Die Psychologie der Kognition und Evaluation von Risiko.* Hrsg. von Gotthard Bechmann. Opladen: Westdeutscher Verlag.

Lübbe, Hermann (1993). *Sicherheit. Risikowahrnehmung im Zivilisationsprozess.* Hrsg. von Gotthard Bechmann. Opladen: Westdeutscher Verlag.

Luhmann, Niklas (1991). *Soziologie des Risikos.* Berlin und New York: Walter de Gruyter.

Ruddat, Michael (2009). *Kognitive Kompetenz zur Risikobewertung als Vorbedingung der Risikomündigkeit und ihre Bedeutung für die Risikokommunikation.* Stuttgart.

Schulz von Thun, Friedemann (1988). *Miteinander reden: Störungen und Klärungen.* Reinbeck: Rowohlt.

Schütz Holger und Wiedemann, Peter M. (2003). *Risikowahrnehmung in der Gesellschaft.* Bd. 46. Heidelberg: Springer-Verlag.

Wiedemann Peter M. und Mertens, Johannes (2005). *Sozialpsychologische Risikoforschung.* Bd. 14. 3.

Wiedemann, Peter M. (1991). *Strategien zur Risiko-Kommunikation und ihre Probleme*. Hrsg. von Forschungszentrum Jülich. 25.

— (1996). *Wahrnehmungsmuster von technischen Risiken in der Gesellschaft*. Bd. 37.

— (2010). *Vorsorgeprinzip und Risikoängste. Zur Risikowahrnehmung des Mobilfunks*. Wiesbaden: VS Verlag für Sozialwissenschaften.